Tu Pasión

POEMAS

Soy Mujer Valiosa

EDITORIAL
IMPERIAL
CROWNED BY SUCCESS

Para otros materiales, visítanos en:
EditorialGuipil.com

© 2021 por *Escribe y Publica Tu Pasión Academy*
Todos los derechos reservados
Poemas *Soy Mujer Valiosa*

Publicado por **Editorial Güipil**
Miami, FL - Charlotte, NC. Estados Unidos de América

Reservados todos los derechos. Ninguna porción ni parte de esta obra se puede reproducir, ni guardar en un sistema de almacenamiento de información, ni transmitir en ninguna forma por ningún medio (electrónico, mecánico, de fotocopiado, grabación, etc.) sin el permiso previo de los editores, excepto para breves citas y reseñas.

Esta publicación contiene las opiniones e ideas de su autor. Su objetivo es proporcionar material informativo y útil sobre los temas tratados en la publicación. Se vende con el entendimiento de que el autor y el editor no están involucrados en la prestación de servicios financieros, de salud o cualquier otro tipo de servicios personales y profesionales en el libro. El lector debe consultar a su consejero personal u otro profesional competente antes de adoptar cualquiera de las sugerencias de este libro o extraer deducciones de ella. El autor y el editor expresamente niegan toda responsabilidad por cualquier efecto, pérdida o riesgo, personal o de otro tipo, que se incurre como consecuencia, directa o indirectamente, del uso y aplicación de cualquiera de los contenidos de este libro.

Versículos bíblicos indicados con NVI han sido tomados de la Santa Biblia, Nueva Versión Internacional, NVI. ©1999 por Bíblica, Inc. Usado con permiso de Zondervan. Todos los derechos reservados mundialmente. www.zonderban.com.
Versículos bíblicos indicados con RV60 han sido tomados de la Santa Biblia, versión Reina Valera 1960. ©1960 Sociedades Bíblicas en América Latina; ©renovado 1988 Sociedades Bíblicas Unidas. Utilizado con permiso. Reina Valera 1960© es una marca registrada de la American Bible Society.
Versículos bíblicos indicados con NTV han sido tomado de la Santa Biblia, Nueva Traducción Viviente, © Tyndale House Foundation 2008, 2009, 2010. Usado con permiso de Tyndale House Publishers, Inc., 351 Executive Dr., Carol Stream, IL 60188, Estados Unidos de América. Todos los derechos reservados.

- ESCRIBE Y PUBLICA -
Tu Pasión

Editorial Imperial. Primera edición 2021
www.EditorialGuipil.com

ISBN: 978-1-953689-36-8

Categoría: Inspiración / Poesía

*"Un libro cambia vidas,
la primera vida que cambia,
es la de su autor"*

- Rebeca Segebre

Presidente de Editorial Güipil,
fundadora de la comunidad Mujer Valiosa & Escribe y Publica

ESCRIBE Y PUBLICA
Tu Pasión
ACADEMY

CON REBECA SEGEBRE

Escribe palabras que impacten y transformen vidas.

www.EscribeyPublica.com

Comunidad - Inspiración - Desarrollo

Contenido

1
Rebeca Segebre 11

2
Agripina T. Maldonado 27

3
Dora Lema Olavarría 33

4
Elda Chávez 45

5
Gladis Rodríguez 55

6
Isabel Bartolo 51

7
Lucy Cortez 65

8
Luzmiryam Parra Rojas 71

9
Lupe Segura 81

10
Zailyn Olivera Cruz 87

11
Raquel Segebre 97

12
Nidia Laika Torres 101

13
Freda Unda 107

14
Rossen Larios 115

Recursos recomendados 123

- ESCRIBE Y PUBLICA -

Tu Pasión
ACADEMY

Devocional Soy Mujer Valiosa *Fortaleza para cada día*

1

REBECA SEGEBRE

Autora del libro *Tú Naciste para Escribirlo*
Presidente del grupo Editorial Güipil y fundadora de
La Academia Escribe y Publica Tu Pasión

Publicado por *Editorial Güipil*

EditorialGuipil.com

ESCRIBE Y PUBLICA
Tu Pasión
ACADEMY

CON REBECA SEGEBRE

Escribe palabras que impacten y transformen vidas.

www.EscribeyPublica.com

Comunidad - Inspiración - Desarrollo

UNA MEMORIA EN POEMA

A siete horas de camino desde París, estaba Marsella,
la ciudad veranera donde acostumbraba a bajar a descansar.
Ella le contaba a su compañero la historia
de cómo su familia había llegado
a las playas de Marsella
antes de partir a la distante América.

Era 13 de junio y estaban bajando
para celebrar el Día de la Independencia.

Montelimar es el primer lugar
donde se ven los campos de lavanda.
Todo el resto del camino había sido adornado
con girasoles y heno.
La paja organizada en el pasto
y los molinos de viento modernos
adornando el firmamento.

Ya en Porte Du Soleil
no pudo resistir la tentación de bajarse
y tres carros de policía trataron de detenerlos.
Piere Latee es el área con más lavanda y girasoles
que están cerca de la autopista
haciendo el viaje agradable a la vista.

Pasaron el Fortres de Mornas y su iglesia en frente.
Avignon, Marbella y Nice son anunciadas en la carretera
y el azul del firmamento se torna gris y rosa al tocar las nubes.

El sol besa los viñedos, los pinos,
las casas de piedra, los girasoles
y el deseo de llegar a Marsella
se confunde con el placer
que la vista tendrá en los próximos
cuarenta minutos juntos.

Mis ancestros llegaron a ese puerto,
repite ella con la emoción de una primera vez.

Las nubes son todas rasgadas
pintadas todas de grises con delineador rosado
y el azul del firmamento es cada vez más apastelado,
color de juguete de bebé varón.

Ya las luces de los carros se alumbran
y Marsella está cada vez más cerca.
El acelerador llega a la velocidad a 70 millas por hora
y sabe que es tiempo de tener paciencia,
ya que en 80 kilómetros llegarán a descansar.

Se ve otra iglesia sobre la roca,
las campanas se ven iluminadas.

Ella: *¿Por qué no vamos al puerto?*
Él: *Ya me lo has mencionado tres veces en estas ocho horas de viaje.*

Y es que el la escuchaba
con toda la atención humanamente posible.

Él: *No sé por qué cuando ya estamos llegando a Marsella,*
la gente acelera la velocidad; se vuelven citadinos o la playa los llama.

Ella: *Estamos llegando, ya siento en los oídos la presión de la bajada.*

Él: *Sí, y aquí lo vas a sentir más,*
porque ya está el último peaje de esta vuelta.

El sol no se ve, pero el firmamento muestra un brillo
que indica que aún no se ha puesto.
«Marsella y Aux en Provence», dice la señal en el camino.

Ya se ve la campana de una iglesia a la derecha
y las luces de la ciudad frente el mar.

Ella: *Nunca había venido al puerto, se ve muy industrial el área.*
Él: *¡Tus padres llegaron aquí! ¡Son tan aventureros como tú!*
Ella: *Mi madre salió de su casa en Israel y, al igual que yo,
nunca más volvió. Aquí ella tomó un barco a Colombia
y nunca más regresó; nunca más supo de su familia,
y todo por casarse con un hombre de una diferente cultura y religión.*

Hoy el barrio del puerto está habitado por muchos árabes.
Solo estuvieron de pasada.
No pudieron llegar al desembarcadero.
Pero qué alegría el estar juntos
cuando llegaron a Cannes, un mejor puerto.

- ESCRIBE Y PUBLICA -
Tu Pasión
ACADEMY
CON REBECA SEGEBRE

Escribe palabras que impacten y transformen vidas.

www.EscribeyPublica.com

Comunidad - Inspiración - Desarrollo

LA ESTRELLA: SÍMBOLO DE ESPERANZA

Cuando hallamos esa pequeña luz encendida
en la oscuridad de un camino largo
y sin ruta establecida,
nos damos cuenta de que la dirección correcta
es hacia la luz.

Así se sintieron los reyes que buscaban al Mesías
cuando dijeron: "*Su estrella hemos visto*".
Ese astro era la esperanza que Dios les dio;
y ellos estuvieron seguros que si la seguían
tendrían éxito en su viaje.

La estrella los guió por el sendero apropiado
hasta el destino final: el recién nacido Jesús.
Él es la luz del mundo y nosotros, su iglesia,
omos llamados a ser luz.

Recordemos entonces esta Navidad que:

La luz de aquella estrella
brillaba con un solo propósito:
guiar a muchos otros
a la verdadera fuente de toda esperanza.

ESCRIBE Y PUBLICA
Tu Pasión
ACADEMY
CON REBECA SEGEBRE

Escribe palabras que impacten y transformen vidas.

www.EscribeyPublica.com

Comunidad - Inspiración - Desarrollo

COMUNIDAD
Mujer
Valiosa

VILLANCICOS: SÍMBOLO DE GOZO

Los villancicos son un símbolo de gozo
y se cantan en las fiestas navideñas para recordarnos
que en aquella Noche Buena,
los ángeles cantaron para anunciarles a los pastores
que había nacido el Mesías
y que era una noche llena de gozo y de alegría.

Mientras nosotros cantamos
imaginamos el nacimiento de Jesús,
quien es el niño que trajo esperanza
y buenas noticias de gran gozo para todos.

Celebrar la Navidad sin villancicos, es para mí,
 como si celebráramos la Semana Santa sin la Santa Cena;
no es que sea un pecado,
 pero no hacerlo es perder una oportunidad más
 de recordar la razón de la celebración.

Canciones viejas y nuevas
se repiten en las fiestas navideñas,
recordándonos que en aquella Noche Buena,
los ángeles cantaron
de paz y de buena voluntad para con los hombres
de toda la Tierra.

- ESCRIBE Y PUBLICA -
Tu Pasión
ACADEMY

CON REBECA SEGEBRE

Escribe palabras que impacten y transformen vidas.

www.EscribeyPublica.com

Comunidad - Inspiración - Desarrollo

EL PESEBRE:
SÍMBOLO DE PAZ Y DESCANSO

María y José finalmente encontraron
un lugar para descansar del camino
en el lugar donde nació Jesús,
y fue propicio para que Dios dé al mundo
la salvación prometida.
Jesús nació en un humilde pesebre
para regalarnos el exclusivo cielo.

La cuna de paja, los animales del establo,
los pastores del campo,
todos estos símbolos nos recuerdan
el origen del hombre
y la manera primitiva de la creación.

Cada ser humano que haya sido perseverante en su búsqueda del verdadero descanso, tendrá que confesar que lo encontró cuando estuvo más cerca de la naturaleza y no necesariamente cuando se consentía a sí mismo en el lujo del materialismo de hoy.

El verdadero descanso se encuentra en aquel pesebre porque allí descansó el recién nacido Jesús.

Descanso me da el pensar
que si la humildad de un pesebre
no fue excusa para Él nacer,
de mi pobre corazón Él no se va a esconder.

- ESCRIBE Y PUBLICA -
Tu Pasión
ACADEMY

CON REBECA SEGEBRE

Escribe palabras que impacten y transformen vidas.

www.EscribeyPublica.com

Comunidad - Inspiración - Desarrollo

COMUNIDAD

Mujer

Valiosa

LA MADRE CON SU NIÑO: SÍMBOLO DE SALVACIÓN

Una vez que Dios le habló a la mujer y a la serpiente (Génesis 3) acerca de la enemistad entre ellas, y la manera en que la serpiente sería vencida por el fruto del vientre de una mujer, el diablo enloqueció; para él, toda mujer embarazada podría haber sido la portadora de esa promesa y todo niño recién nacido pudo haber sido el Mesías prometido.

Nadie sabía quién sería el Salvador hasta el día que Dios le habló a María, la madre de Jesús.

Un niño al mundo nació,
Su nombre es Emmanuel: Dios está con nosotros.
Su nombre es Jesús, que significa Salvador.
Dios estaba en el recién nacido Jesús
brindando su mejor regalo a la humanidad:
Su amor y salvación.

REGALOS DE NAVIDAD: SÍMBOLO DE AMOR

«Y él se levantará para dirigir a su rebaño con la fuerza del Señor y con la majestad del nombre del Señor su Dios. Entonces su pueblo vivirá allí tranquilo, porque él es exaltado con honores en todas partes. Y él será la fuente de paz.» Miqueas 5:4-5 (NTV)

El Dios de amor amó tanto al mundo que envió a Su único Hijo para habitar entre nosotros y darnos la vida eterna.

En la navidad recordamos con alegría todos los regalos que nos trajo el niño de Belén: paz con Dios, esperanza para un nuevo comienzo y reconciliación. Él vino al mundo para morir y pagar por nuestros pecados, de manera que nosotros podamos hacer las paces con Dios.

Esta Navidad, celebra el amor del Padre, el nacimiento de Jesús y tu adopción como hijo con ciudadanía en el cielo.
Esta Navidad démosle la bienvenida al Espíritu de Dios
que nos recuerda el amor del Padre
y nos anima a amar a los que están a nuestro alrededor.

NAVIDAD

Navidad, la Paz se acercó
Navidad, La esperanza es realidad.
Un niño al mundo nació: Dios con nosotros.
La esperanza revivió: nuestro Emanuel.

Si ese Niño cambió
El camino de un lucero,
mostrando su poder sobre todo el universo
Si ese Niño cambio
el camino de un lucero
Él tu vida guiará,
Por un mejor sendero.

2

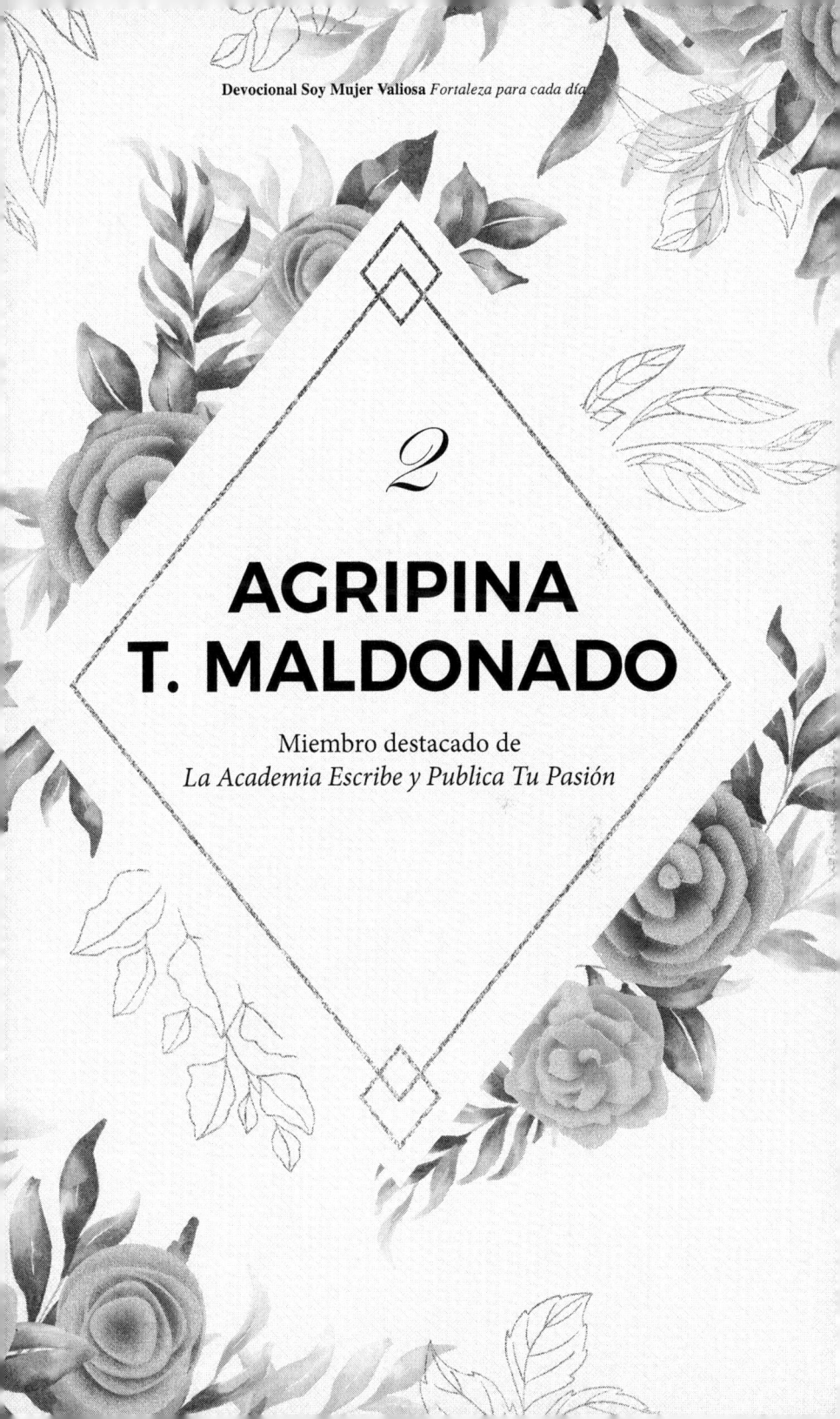

AGRIPINA T. MALDONADO

Miembro destacado de
La Academia Escribe y Publica Tu Pasión

ESCRIBE Y PUBLICA
Tu Pasión
ACADEMY

CON REBECA SEGEBRE

Escribe palabras que impacten y transformen vidas.

www.EscribeyPublica.com

Comunidad - Inspiración - Desarrollo

AMOR ETERNO

Amor eterno, inmenso amor
El de mi Dios omnipotente,
Me cautiva, me sorprende y
Siempre está en mí presente.

Es un amor inmensurable
Es un amor puro y bendito
Es un amor que nunca cambia
Es un amor tan infinito

Es un amor que me da vida
Me sostiene y me levanta
Siempre estaré agradecida
Por eso mi alma le canta.

Es un amor incomparable
Que nunca se acabará
Por los siglos perdurable
Que a todos llegará.

Hablemos de ese amor
De mi Dios eterno y santo
Proclamemos con poder
El evangelio sacrosanto

Con amor eterno me amó
Y por siempre me amará
Él me ama y yo le amo
Y por siempre así será.

SOY EL DISEÑO DE TU AMOR

Soy un diseño de tu amor
Hecha a la imagen de Dios
Una mujer de mucho valor
Inspiración de la creación.

Cuando Dios me diseñó
Pensó en mi como un tesoro
Soy mujer un vaso frágil
Pero fuerte como el oro.

Soy un diseño divino
Con virtudes y defectos
Pero para Dios, mi Creador
Soy un diseño perfecto.

Soy mujer bella y valiosa
Creada a la imagen de Dios
Soy mujer sabia y virtuosa
Soy especial perla preciosa.

Soy mujer divina hermosa
Dios me dio mucho valor
Mi creador, mi dueño y redentor
Soy un diseño de su amor.

Devocional Soy Mujer Valiosa *Fortaleza para cada día*

3

DORA LEMA OLAVARRÍA

Autora del libro *Fragmentos de Vida*
Miembro destacado de *La Academia Escribe y Publica Tu Pasión*

Publicado por
EDITORIAL IMPERIAL
CROWNED BY SUCCESS

EditorialImperial.com

ESCRIBE Y PUBLICA
Tu Pasión
ACADEMY

CON REBECA SEGEBRE

Escribe palabras que impacten y transformen vidas.

www.EscribeyPublica.com

Comunidad - Inspiración - Desarrollo

COMUNIDAD

Mujer
Valiosa

INTENSO CORAZÓN

¡El corazón que llama y reclama!
Flameando su color y sus latidos
infatigable y profundo
todas las horas del universo.
¡El corazón que llama y reclama!
Como un filtro en ese recorrido
un manantial de suspiros y alegrías
y el rumbo de grandes penurias.
¡El corazón que llama y reclama!
Ese intenso amor que retiene
como el oxígeno en sus venas
y la fuerza que engalana.
¡El corazón que llama y reclama!
En tus entrañados desvelos
y destellos del alba que aflora
al despertar al altivo universo.
¡El corazón que llama y reclama!
Un poco de comprensión y vida
que te acoge con mucha firmeza
en la cima de la ternura.
¡El corazón que llama y reclama!
Prontamente una luz de rubor
que acaricia tu rostro y cabellos
con enorme devoción.
¡El corazón que llama y reclama!
Derramando dulzura y color
con callada quietud y resplandor
que sella la maravilla de la vida.

MI CAMINO DE FLORES

La vida gime en su lento despertar
amanece doliendo fuerte en el pecho
voces imantadas sujetas a la espera
que afirman esos secretos no confesos.

Allí sentirás cercanamente los olvidos
que no se detienen a ser escritos
y las remembranzas estarán vigentes
como flores de supervivencia y veracidad.

Traspasará nuestras historias tediosas
dando alegría a nuestra esperanza
con vehemencia y clamor al alma
que van dibujando su descubrimiento.

Tropezarás con actos fallidos
serán verdades ocultas en tu recorrido
errores que evitarás desafiar y
permanecerán en tu interior por tiempo.

La mañana se convertirá en cómplice
con esa armonía por conquistar
veras tu jardín invadido
de bellas hortensias.

Te atreverás, cruzarás ese camino
por dominar y podar drásticamente
disfrutando como planta que cultivas
en tu propio jardín, en tu corazón.

Series
de amor

- ESCRIBE Y PUBLICA -
Tu Pasión
ACADEMY
CON REBECA SEGEBRE

Escribe palabras que impacten y transformen vidas.

www.EscribeyPublica.com

Comunidad - Inspiración - Desarrollo

AMOR I

El día que me hablaste
me sentí tan feliz
tus palabras dulces y seductoras
me hicieron reaccionar ante un
solo instante de amor y ternura,

Me abrazaste y cobijaste quietamente
debajo de tu hombro, iba recostada
y mi manso corazón no se perturbaba
a ese fuego ardiente que le quemaba,

Cerraba los ojos y el cielo azul que se abría
sus brazos me estrechaban finamente,
sentía un dominio total avasallador
en mi mente y corazón,

Corrimos con nuestras manos estrechadas
no había nadie que nos detuviera
en ese mar plateado de ilusiones
que nos llevaba al cielo de la fascinación,

Descendimos a la arena húmeda y blanda
tendimos nuestras ropas con ardor
el mar invadió nuestros cuerpos
envolviéndonos en ese discreto temblor.

AMOR II

Me dejé llevar por el vibrar de tu corazón
lo sentía que iba acelerándose
entre murmullos que pudimos sostener
venia la ola del viento aturdiéndonos,

Éramos conscientes de esta locura
la confianza disfrazada tenazmente
suspirando profundamente
y quejándome de tu menudo despertar,

Embelesados como las estrellas
en esa sonriente brillantez
que seduce nuestro amanecer
atribulados con mi caminar,

Mi almohada adornará la aurora
tu sonrisa se dibujará en mis labios
tus ojos encubrirán los míos
y tu pronto devenir será junto a mí,

Prometedora canción como ruiseñor
de canto melodioso que inyecta
un color rojizo diamante
a mi piel sedienta de pasión.

AMOR III

Este amor me inquieta a lo sumo
siento esa angustia impostergable
que echa a perder mi cordura
con ese palpitar continuo y perfecto,

Te busco entre los prados,
en frenéticas sombras de mi caminar
tropiezo con épicas penumbras
que me alertan de tu presencia,

Derecho es mi sendero oscuro
equilibrio en mis huesos lánguidos
de raíces profundas que van calando
y fluyendo en el exterior,

Va sediento ese calor intenso
en la mirada de tus ojos embelesados
que me reclaman en sano juicio
de tu apariencia agotadora,

Cómo llenarte de mí ardiente búsqueda
si estás en una ruta inalcanzable
imitaré esa sonrisa que me dibujas
cada vez que pretendo alcanzarte.

AMOR IV

Mi vida no entiende tus reclamos
que me alejan de tus fervientes deseos
si yo pudiera acallar tus lamentos
una sola palabra te frenaría,

Mi amor no es sinónimo de atracción
es esa fuerza que te hace gravitar
con mucha persuasión te hace soñar
y como un imán toca las estrellas,

El amor es eso, grande e intenso
que algunos no lo han disfrutado
temiendo ser sinceros
con su presencia y felicidad,

Será tu voz o tus dulces melodías
que me advertían del hondo carisma
gritando tu eterna soledad
con esa gran inspiración en tu canto,

El amor se asoma como una súplica
asentando tu maravillosa presencia
por qué no acudir cuando reclama
a la vista de la luna y las estrellas.

Devocional Soy Mujer Valiosa *Fortaleza para cada día*

4

ELDA CHÁVEZ

Autora del libro *La Canasta de La Viuda*
Líder en la *Comunidad Mujer Valiosa*
Miembro destacado de *La Academia Escribe y Publica Tu Pasión*

Publicado por *Editorial Güipil*

EditorialGuipil.com

- ESCRIBE Y PUBLICA -
Tu Pasión
ACADEMY

CON REBECA SEGEBRE

Escribe palabras que impacten y transformen vidas.

www.EscribeyPublica.com

Comunidad - Inspiración - Desarrollo

MI REFUGIO

Aquí estoy, en mi refugio
Medito acerca de mí
Poniéndome la armadura
La armadura espiritual.

Aquí estoy, con gozo y paz
He aprendido a vivir
Y contentarme
Ante cualquier situación
Porque dependo
De Papá Dios
Busco agradar
A mi Hacedor.

Aquí estoy, reiniciando
Orando y haciendo metas
Que sin duda lograré
Pues tengo dirección
De mi gran Dios
Y seres que Él preparó.

Aquí estoy, dispuesta
Realizaré una misión
La que siempre anhelé
Con la que bendeciré.

Aquí estoy, humillada
Transcribiendo pasos
Por caminos que crucé
De los que el Creador
Con amor me protege.

Busco e intento
Agradar a Dios
Hacer Su voluntad
Para ser de bendición
A multitudes por doquier.

LIBROS

Que fluyan los libros
Que fluya mi mente
Que Dios hable a mi oído
Que me llene de amor

Que lleguen las musas
Que vislumbren mis caminos
Que derramen líricas
Que haya inspiración

Que corra la tinta
Que nunca termine
Que la pluma escriba
Que obedezca al soneto

Que caligrafíe mis voces
Que busque el camino
Que inunde este mundo
Que llame a la victoria

Que reduzcan los dolores
Que permanezcan las mieles
Que resplandezcan las luces
Que florezca la unión.

LA MUJER DE LA CANASTA

Ahí va una mujer
Sigilosa caminando
Portando una sencilla
Y muy útil canasta.

¿Será que necesita algo?
Suplir lo necesario
Alimentar a sus hijitos
Quizá a su mamá.

Mira a este ser
Por las calles
Caminando lenta
Pero sin parar
Quizá no se atreve
A decir su verdad.

Su necesidad es tal
Que le apena mendigar
Usemos la empatía
Identifiquemos su sentir
Pues ella no eligió
Esa terrible condición.

Ella sin esposo quedó
Hecho que no eligió
Quizá sea una lección
Que en el futuro
La haré brillar.

Mientras tanto
Tú, sí, tú,
Ve a su encuentro
Dale un abrazo,
Escúchala,
Que sienta tu apoyo
Y también tu generosidad.

HUELLAS

Las huellas que el abandono me ha dejado
Son cicatrices profundas en el alma
De muchas veces sentirme excluida
Y de pronto la inmadurez me censure.

Las huellas que el abandono me ha dejado
Son esos tropiezos que mi corazón lastimaron
Dejándome casi al borde de la muerte
Por palabras aventadas de ignorancia.

Las huellas que el abandono me ha dejado
Son las mismas que sintió el Señor resucitado
Clavos enormes entrando en pies y manos
Y una gran lanza traspasando su costado.

Las huellas que el abandono me ha dejado
Son flechas de seres con prejuicios
Y de luminarias sin luz propia
Que sin duda son desconocidos por Dios.

Y esas huellas que el abandono provocaron
Ya jamás en mí se harán presentes
Pues hoy tengo de mi parte al sol radiante
¡Que me ama eternamente y para siempre!

Devocional Soy Mujer Valiosa *Fortaleza para cada día*

5

GLADYS RODRÍGUEZ

Autora del libro *7 Claves para un ministerio de alabanza exitoso*
Líder en la *Comunidad Mujer Valiosa*
Miembro destacado de *La Academia Escribe y Publica Tu Pasión*

Publicado por *Editorial Güipil*

EditorialGuipil.com

- ESCRIBE Y PUBLICA -
Tu Pasión
ACADEMY

CON REBECA SEGEBRE

Escribe palabras que impacten y transformen vidas.

www.EscribeyPublica.com

Comunidad - Inspiración - Desarrollo

COMUNIDAD

Mujer

Valiosa

EL DISEÑADOR

Hablaste y todo fue creado
Creaste y todo se hizo
Tu palabra es como pólvora
Enciende mi caminar y le da gracia a mi fragilidad

Tu propósito es como una incertidumbre
vagando por el mundo sin razón
Pero cuando encontramos el ingenio
Damos gracias por el servicio al diseñador

La florecita me dice cada mañana
Gracias por tu canción
Mas yo le digo que sin mi Creador
no podría sonar con tanta sazón

Lo que no puedo explicar
Le pertenece al Patrón
Pues con su dulce voz le dio diseño
A todo lo que hoy supuestamente tiene dueño.

LAS RE DEL REINO

La luz del cielo proviene del libro,
Conocerlo a Él es conocer *La Revelación*.
Aquel día luminoso
Donde todos celebraron el nuevo caminar
Vino Su luz a revelar
Todo lo que desconocía en mi habitar

La Relación es como un pastel
Podés disfrutar de su dulzura
Mas en los tristes días lloran
Comiendo juntos de su dulce intimidad

Aquella novia que lo aceptó como esposo
No sabía que se quedaría
Con el único consuelo de verlo
Entregando su vida por *La Redención*
y el perdón de sus pecados
El consolador la tomó de la mano
y la invitó a ser feliz

Las calles de oro y el mar de cristal
Donde las luces corren por todo el lugar
Será un momento de gran hilaridad
Para todo aquel que entre al *Reino celestial*.

Devocional Soy Mujer Valiosa *Fortaleza para cada día*

6

ISABEL BARTOLO

Autora del libro *El diario de Isabel*
Miembro destacado de *La Academia Escribe y Publica Tu Pasión*

Publicado por

EDITORIAL
IMPERIAL
CROWNED BY SUCCESS

EditorialImperial.com

ESCRIBE Y PUBLICA
Tu Pasión
ACADEMY
CON REBECA SEGEBRE

Escribe palabras que impacten y transformen vidas.

www.EscribeyPublica.com

Comunidad - Inspiración - Desarrollo

COMUNIDAD

Mujer

Valiosa

MENSAJE DE UNA MADRE HACIA SUS HIJOS

Hijos míos, quiero dejarles este mensaje
y quiero decirles lo mucho que les amo.

Todos los días están en mi corazón
y también en mis oraciones cada noche,
en donde le pido a Dios que les cuide,
dirija sus caminos y que nadie les robe
su propósito en Dios.

Hijos míos, aunque me esforcé mucho para cuidarlos,
no pude;
pero Dios y el ángel de Jehová está cerca de ustedes,
no les dejó ni un minuto;

Él va delante y detrás de ustedes.
Aunque yo les olvide,
aunque no pueda estar cerca de ustedes,
cuando estén solos, Dios nunca se olvida;
así que perdónenme,
hijos míos, ustedes no están solos,
no son huérfanos,
ustedes son hijos de Papá que tiene todo el dinero,
el que puede todo, el que hace todas las cosas
y que puede ponerles un anillo de oro en sus manos
y darles un mejor vestido y calzado.
Es mejor que regresen a casa,
aquí les esperamos.

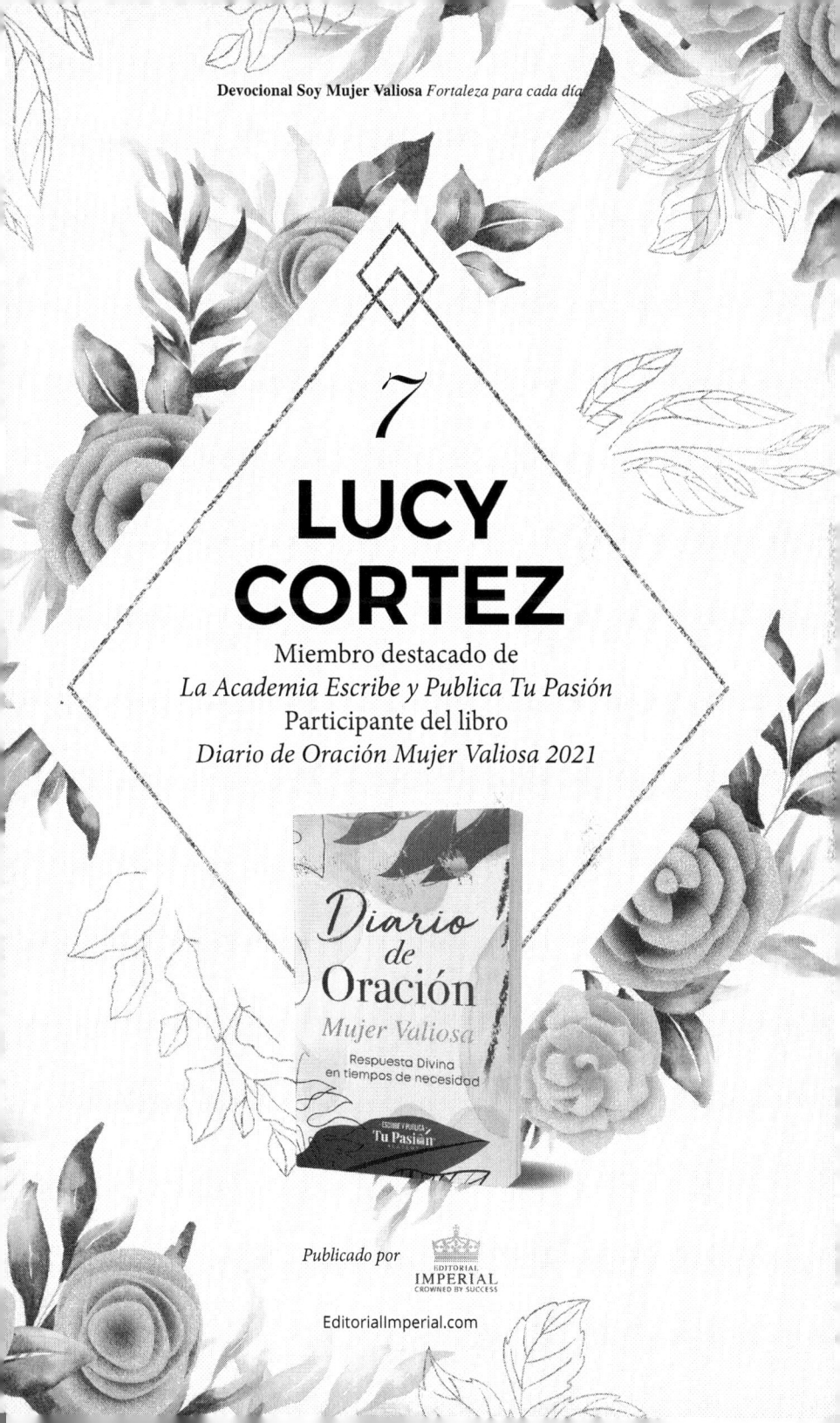

Devocional Soy Mujer Valiosa *Fortaleza para cada día*

7
LUCY CORTEZ

Miembro destacado de
La Academia Escribe y Publica Tu Pasión
Participante del libro
Diario de Oración Mujer Valiosa 2021

Publicado por
EDITORIAL IMPERIAL
CROWNED BY SUCCESS

EditorialImperial.com

ESCRIBE Y PUBLICA
Tu Pasión
ACADEMY

CON REBECA SEGEBRE

Escribe palabras que impacten y transformen vidas.

www.EscribeyPublica.com

Comunidad - Inspiración - Desarrollo

LO QUE NO PUDISTE ROBARME

Te llaman Enfermedad y el hombre te teme
Te presentas en el momento menos pensado
Y puedes llegar a ser dolorosa, incesante
Y tener diferentes nombres.

Es verdad, existes, estás latente
Te conviertes en una ladrona con diferentes caras.
Llegaste a mi vida sin avisar, sin esperarte,
Se cimbró mi alma al conocerte,
Pero hoy quiero decirte lo que no pudiste robarme.

No pudiste arrancarme el abrazo consolador
de mi Amado Padre,
en mis noches de dolor e incertidumbre,
Su presencia bendita que llegó a consolarme.

No te llevaste la imagen de mis recuerdos
impregnados en mi mente.
Experiencias divinas que llevaré por siempre.

No pudiste arrancar de mi alma
la esencia de haber sido, como una sola carne,
con mi hoy amado ausente
Y que por 30 años, viví apasionadamente.

No pudiste borrar las huellas que mis hijos siguen
en su caminar diario
y que a cada instante me hacen recordar

que en ellos, su figura está presente.
En el mirar de sus ojos, que a momentos me dicen:
«No me extrañes tanto, ¿no ves que aquí estoy presente?»

No pudiste dejarme en el valle de la muerte,
Porque aún ahí llegó mi Salvador a rescatarme
A llevarme en sus brazos, aunque muchas veces,
ni siquiera estaba consciente.

Hoy puedo decirte, Enfermedad, cualquiera que sea tu nombre
Que lo que tanto el hombre te teme
Hoy por Su gracia y poder
Se desvanece, se esfuma y se hace incompetente.

¡Ah! y déjame decirte: que al final de todo
Te he conquistado
No solo aquí, sino en la Eternidad existente,
Porque de algo estoy segura,
Que al final me espera una inimaginable vida
comprada en la cruz por Su hermosa sangre,
Y donde tú no estarás presente.

No te llevaste y jamás podrás hacerlo
Lo más preciado que mi Dios me ha dado
Mi amor por Él, mi entrega y mi pasión
Que en Él perdurará por siempre.

Este presente glorioso que vivo incansable
Ni tampoco el futuro que anhelo incesante,
Ver su gloria en mí manifestarse a cada instante.

«Y yo les doy vida Eterna, y jamás perecerán. Y nadie las arrebatará de mi mano.» Juan 10:28

Devocional Soy Mujer Valiosa *Fortaleza para cada día*

8

LUZMIRYAM PARRA-ROJAS

Miembro destacado de
La Academia Escribe y Publica Tu Pasión
Participante del libro
Devocional Soy Mujer Valiosa 2020

Publicado por
EDITORIAL IMPERIAL
CROWNED BY SUCCESS

EditorialImperial.com

- ESCRIBE Y PUBLICA -
Tu Pasión
ACADEMY
CON REBECA SEGEBRE

Escribe palabras que impacten y transformen vidas.

www.EscribeyPublica.com

Comunidad - Inspiración - Desarrollo

EL DOLOR DEL MAESTRO

¡Cómo le habrá dolido!
al corazón perfecto
la esclavitud de Eva
por su acto incorrecto.

¡Cómo le habrá dolido!
al camino y la vida,
la humanidad sufriente
en su triste caída.

Si habiendo sido eternos
Con un libre albedrío,
llegaron a estar muertos
Por su gran desvarío.

¡Qué daría!, exclamó el Omnipotente,
Por que tuvieran mis hijos
corazón obediente,
¡para que les fuera bien para siempre!

¡Oh!, si el alma se nubla
se compunge en la pena
cuando se ve a los hijos
escoger las cadenas,

Y el dolor todo envuelve
al sentirse impotente,
y ni siquiera lo entiende
la razón coherente…

¡Cómo le habrá dolido
al corazón divino!
El corazón del hombre
que se extravió del camino.

¡Le dolió!, hasta la muerte
en la cruz del calvario
donde pagó inocente
para poder salvarlo.

Si estuviste tan
dispuesto
a remitir mis pecados,
sobre tu Hijo unigénito
para ser perdonados,

Yo te agradezco, Padre,
ese amor tan sublime
y acepto humildemente
tu gracia que redime.

Yo respondo al llamado
de tu voz tan potente,
quiero ser una hija
de corazón obediente.

¿Quieres, tú que me escuchas,
aceptar Su llamado?
¡Disfrutarás la dicha
de sentirte restaurado!

Esa paz que es tan dulce
inundará tu mente,
correrá como un río
sobre tu alma sufriente.

El dolor del Maestro
nuestra paz fue por siempre
y en su herida terrible
¡hemos sido curados!

EL MISTERIO DE LA VIDA

El misterio de la vida
viene en una semillita
puesta en secreto y amor
tan íntimamente ligada
que es una, pero son dos.
Y va creciendo al calor
del cuidado maternal,
dejando de ser semilla
produce un ser sin igual.

Es tan tuya y tan ajena
es un regalo de Dios,
que crece y se desarrolla
como un misterio de amor.
Por cinco dulces añitos
serás su mundo y color,
mas el corazón despierta
a una frontera mayor
que captura su atención.

Y el reloj de cada vida
va marchando sin cesar,
poniéndote frente a frente
con un ser tan diferente,
que aprendes a respetar.

Ya no es una personita,
es varón o señorita,
con sus fuerzas y flaquezas
¡con sus sueños y proezas!

Y cuando el tiempo ha corrido
Poniéndolos en distancia,
lágrimas vierte el alma
pues se llena de nostalgia
por el sabor de la ausencia.
Mas es dulce el sentimiento
que Dios puso entre los dos,
y están anhelando siempre
darse un abrazo de amor.

Esta madre siempre anhela
de su sonrisa el calor,
de sus ojos, que la miren
con serena comprensión.
Semillita que creciste
tan íntimamente dos,
el misterio de la vida
¡solo lo conoce Dios!

TREINTA Y SEIS AÑOS

Amor, tantos amaneceres
¡tantas noches!
¡Cuántos besos secretos
Y cuantos nubarrones!
Hemos cruzado ríos muchas veces,
hemos atravesado juntos aun los mares
Surfeando por la fe
cual muchas aves
que van revoloteando en el camino
hallando siempre una roca
para el nido
Y creando el argumento
que nos une.

Somos dos almas y un perfume.
El tronco y el follaje,
el sol de la mañana,
y el lucero en el crepúsculo brillante.
La carrera continua que tú llevas,
Y el girasol que se inclina con la tarde.
Tu boca que expresa los amores
y mis ojos que observan tus valores
despertando las múltiples razones
Para seguir besándote.
¡Treinta y seis años abrazándote!

Conozco tu aroma y tu semblante
El reloj con su tic tac,
nos marca el tiempo y sus huellas relevantes
pero tú y yo, sigamos adelante
Aunque pase lo que esté pasando
tú y yo, ¡sigamos amándonos!

Devocional Soy Mujer Valiosa *Fortaleza para cada día*

9

LUPE SEGURA

Miembro destacado de
La Academia Escribe y Publica Tu Pasión

EditorialImperial.com

– ESCRIBE Y PUBLICA –
Tu Pasión
ACADEMY

CON REBECA SEGEBRE

Escribe palabras que impacten y transformen vidas.

www.EscribeyPublica.com

Comunidad - Inspiración - Desarrollo

COMUNIDAD

Mujer
Valiosa

LA GRANDEZA ES MI DESTINO

Cual bálsamo que unge mi alma derrotada
Llegó el amor de Dios a mi morada
Tomándome en sus brazos cual niña abandonada
Llevándome al refugio que mi alma anhelaba.

Con mágicas pantallas
Me muestra el dolor que me oprimía
Con inmenso amor me hace compañía
Me entrega el poder que yo desconocía
Me muestra la sabiduría que el mismo contenía

Me abraza fuertemente recordando mi alegría
Mi alma reconoce: no estoy sola todavía
Hoy sé que pertenezco a lo divino
La luz de la verdad guía mi camino
Sabiendo con certeza que su casa es mi destino.

COMPAÑERO FIEL

En el camino obscuro mi alma se encontraba
Llamando con sollozos, por tu luz rezaba.
Avanzaba a solas orando tu llegada
Cual rayo al amanecer tu luz brillaba.

Suave el camino se sentía
Mientras más yo reconocía tu compañía
Mi alegría poco a poco se expandía
Abrazada a ti fuertemente yo seguía.

El brillo en mi alma aparecía
La confianza en mí crecía
El milagro que te pedí ya se sentía
El dolor del pasado ya no tenía.

Cada vez que alabo tu grandeza
Mi alma se eleva a tu belleza
tus bendiciones crecen, son mi riqueza
El oasis de tu amor es mi fortaleza.

RENACER DEL ALMA

Cual rayo de sol alumbra la alborada
Así mi alma renace renovada
Cuando llegaste tu a mi casa desolada
Así desperté con tu mirada.

¿En dónde estabas cuando yo te buscaba?
En ese vacío en el cual yo estaba
En ese espacio en donde yo me ahogaba
Buscando la salida triste y desesperada

Quédate siempre haciéndome compañía
Para que mi alma cante de alegría
y así el mundo entero cada día
deje atrás la entropía.

Como un sol brillante
Derrota el desorden asfixiante
La verdad se hace relevante
y el orden se convierte en un diamante.

Devocional Soy Mujer Valiosa *Fortaleza para cada día*

10

ZAILYN OLIVERA CRUZ

Autora del libro *Retazos del alma*
Miembro destacado de
La Academia Escribe y Publica Tu Pasión

Publicado por
EDITORIAL IMPERIAL
CROWNED BY SUCCESS

EditorialImperial.com

ESCRIBE Y PUBLICA

Tu Pasión ACADEMY

CON REBECA SEGEBRE

Escribe palabras que impacten y transformen vidas.

www.EscribeyPublica.com

Comunidad - Inspiración - Desarrollo

COMUNIDAD

Mujer

Valiosa

ESTOCADA AL CORAZÓN

Destrozada, sin palabras...
Con el alma rota en mil pedazos
me ahogo en llanto por su partida.
Una cruel enfermedad los llevó
junto al Señor que adoraron en vida.
Sin esperanza se fueron los días.
Alejada por millas y mar
abatida en la sombra
con ganas de luchar.
Se apagaron las luces
que le dieron alegría a mis sueños
las sonrisas queridas que llenaron
de felicidad mi camino.
El motivo de lucha
para mi andar peregrino.
Los guardaré en mi memoria
como la melodía de una canción
que de pronto transformó mi historia
propinándole una estocada al corazón.

Tierra infértil

I
No pedía un amor de mujer
quería sentir el amor tierno
brotando de mi ser.
Pero no hubo magia posible
que cumpliera mi deseo,
ni manos que allanaran el terreno.
Mi tierra infértil
si divisaba en el horizonte.
El mar se alimentaba de lágrimas
que nacían del dolor.
Mi corazón estrujado
no encontraba solución.
Anduve a veces acompañada.
Otras, coqueteé con la soledad
mirando como otros pájaros
en nido crecían
y otros se lanzaban a volar.
Odié el daño ajeno,
subestimé al que preguntaba
como un intruso.
Me alejé con mis frustraciones
apegada a la deriva.
No entendía que no fuera la escogida.
Dudé de mi fe y mis ancestros,

de mi futuro y mi propósito.
Me vestí de tristeza
repartiendo un poco de armonía.
Besé cabezas sensibles
que nunca fueron mías.

II
Acuné en mis brazos
un alma desprotegida.
La moldeé a mi forma
con las curvas pronunciadas
del destino.
Labré con mi trabajo diario
un hogar merecido.
Cuidé su fiebre y su delirio.
Su andar dando pasos al abismo.
Lo acuné con extraña delicadeza.
Soportando su fiereza.
Tan solo como yo estaba.
A unos metros de mi cuello quedaba.
Pequeño e inseguro.
De otro seno había salido.
Se cruzó con mi torpeza acumulada
de anhelos infructuosos.
Carentes de cariño.
Me abrazó en silencio.
y se refugió de la tempestad.
Reconforté sus horas de peligro.
Nos dimos la oportunidad.

HAMBRE DE FUTURO

Es una hora de un día cualquiera.
La gente pasa indiferente.
Los cercanos dan consejos,
los hijos mienten.
Las agujas marcan las dos.
No importa si es tarde o madrugada.
La preocupación me ronda
y el temor hace su entrada.
Las publicaciones en las redes
nos vuelven hipócritas y narcisistas
queriendo aparentar una vida
digna de revista.
Nos interesa que el mundo
nos alabe con alevosía.
Sin importar la sonrisa cruda
que se dibuja en la boca
reseca y fría.
Viviendo momentos.
Atrapados y enajenados todo el tiempo.
Con hambre de futuro
y un camino incierto.

E<small>L</small> VACÍO

Te hablo a ti, que compartes mi agonía
y te miras en mi reflejo.
Que piensas que terminar
es la salida para salvar el pellejo.
Encuentra miles de razones
para salir de este momento.
No dejes que los temores
te hagan ponerle fin a tu cuento.
La historia la escribimos cada día
y si el patrón se repite,
cambia tu acción con mente fría.
A veces no aceptamos las pláticas,
los jalones que nos da un buen amigo.
El consejo de una madre
que quiere verte de nuevo en el camino.
Sé abierto y comparte el dolor
que en tu alma se aloja.
Abre las ventanas que cerraste con intención.
Deja que la depresión pasajera se hunda.
No pongas límites a tu entereza.
Busca un motivo, una palabra de Dios
que de golpe te deje levantar la cabeza.

Viaje a mi niñez

Cuando te sientes niña otra vez
te llegan los recuerdos
de un viejo vaso de regalo,
representando a un marino,
una chica y su cachimba.
Vuelves a reír como antes
al recordar la espinaca
que le daba fuerza al hombre
que acompañó tu niñez.
Encontrarlo en un modelo
me dio gracia ante el calor
y corrí a su encuentro por una foto
toda llena de valor.
La niña que fui merecía
ese recuerdo en su cajón.

Devocional Soy Mujer Valiosa *Fortaleza para cada día*

11

RAQUEL SEGEBRE

Miembro destacado de
La Academia Escribe y Publica Tu Pasión
Participante del libro
Poemas Soy Mujer Valiosa 2020

Publicado por
EDITORIAL IMPERIAL
CROWNED BY SUCCESS

EditorialImperial.com

ESCRIBE Y PUBLICA
Tu Pasión
ACADEMY
CON REBECA SEGEBRE

Escribe palabras que impacten y transformen vidas.

www.EscribeyPublica.com

Comunidad - Inspiración - Desarrollo

CHRISTMAS

Cuan Bella la noche en que Jesús nació.

Hope for all men in a manger was born

Redeemer and King

In Him there is Life

Salvation to all, love redefined

Today hearts are filled with Merry and Joy

My Christmas will NOT be just presents and bows

All who believe, are forever transformed

Savior eternal, sent from above,

   make your home in my corazón!

Devocional Soy Mujer Valiosa *Fortaleza para cada día*

12

NIDIA LAIKA TORRES

Autora del libro *Corazón de guerrera*
Líder en la *Comunidad Mujer Valiosa*
Miembro destacado de *La Academia Escribe y Publica Tu Pasión*

Publicado por *Editorial Güipil*

EditorialGuipil.com

ESCRIBE Y PUBLICA
Tu Pasión
ACADEMY

CON REBECA SEGEBRE

Escribe palabras que impacten y transformen vidas.

www.EscribeyPublica.com

Comunidad - Inspiración - Desarrollo

COMUNIDAD
Mujer Valiosa

ALAS PARA VOLAR

Si tuviera alas para volar
me remontaría en un vuelo quizás hasta el más allá.

Y ese vuelo cambiaría mi manera de pensar
dejando atrás la ignorancia y provocando tal vez
un brusco despertar.

Nuevos retos y desafíos que tendría que afrontar
cambiando, renovando y dejando muchas cosas atrás.

Ha llegado el momento, no daré marcha atrás
he abierto mis ojos, estoy tan lejos, he volado tan alto,
que prefiero continuar.

No se que hay al otro lado, no se que voy a encontrar
las decisiones se toman, he decidido volar.
Mis alas se han abierto, ya no quiero caminar.

Me acostumbré a las alturas, ya no quiero caminar
esas alas fueron puertas a otro mundo que soñando se
volvieron realidad.

Los desafíos se presentan cuando decides soñar
convirtiendo el día a día en un brusco despertar
pero le dan a tu vida una motivación inusual.

Quisiera olvidar las tristezas y mi duro caminar
olvidar mis noches de insomnio y mi continuo pesar
pero es imposible olvidar aquello que me hizo volar.

Hoy me levanto con ganas de soñar
me adelanto al día, me apresuro cada vez más
antes mi caminar era lento, pero aprendí a volar.

UN SIMPLE TE QUIERO (Ella)

Hoy muy temprano al estar orando
me dijiste ¡TE QUIERO!

No me dio tiempo de concluir mi oración,
y mucho menos de cerrar mi corazón.

Tu "te quiero" penetró rápidamente,
y de mi corazón abierto empezaron a salir confesiones
y secretos que guardo muy dentro de mi.

Me transportaste a otro mundo
e inconscientemente te confesé,
temores que guardo dentro de mí,
y rápidamente pensé
y callé.

De tu reacción no tengo mucho que decir,
tan solo que me diste tiempo de regresar a mí.

UN SIMPLE TE QUIERO (El)

Hoy al despertar te note tan pensativa,
y de mi corazón salió un ¡TE QUIERO!

No me dio tiempo de decir nada más,
al abrir mi corazón tu empezaste hablar,
y callé

Mientras escuchaba tus palabras
y lo apacible de tú voz trataba de entender
lo que me decía tu corazón.

Volé contigo a ese mundo de confesiones,
de secretos y temores que jamás
llegaré a entender
aquellos que guardé en mi corazón,
y pensé.

Quizás debí callar,
quizás debí dejar que todo siguiera igual,
dejarte vivir tu mundo y simplemente olvidar.

13

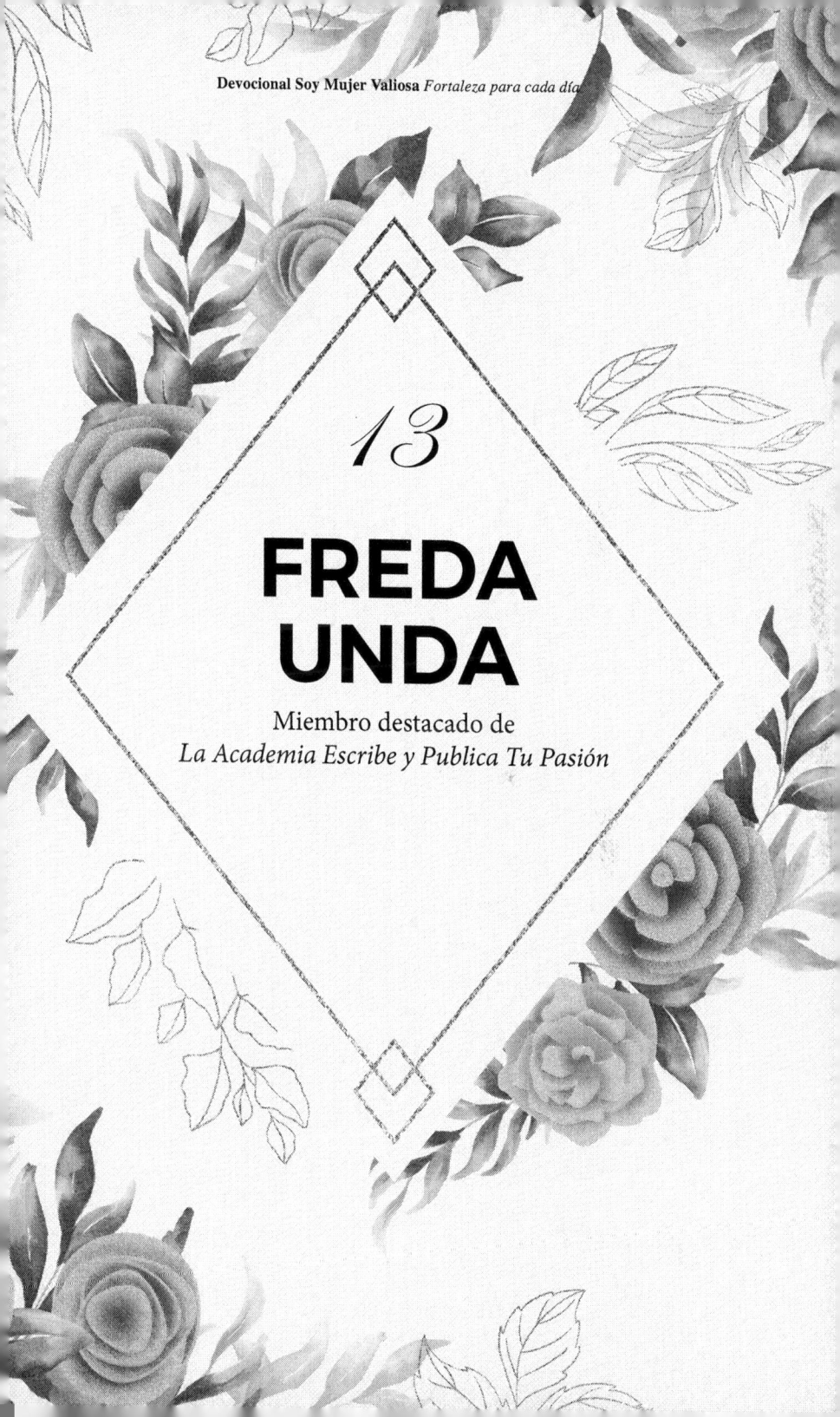

FREDA UNDA

Miembro destacado de
La Academia Escribe y Publica Tu Pasión

ESCRIBE Y PUBLICA
Tu Pasión
ACADEMY
CON REBECA SEGEBRE

Escribe palabras que impacten y transformen vidas.

www.EscribeyPublica.com

Comunidad - Inspiración - Desarrollo

UNA CARTA A MI HIJA

Querida hija,

Soy vulnerable, así como todos.
Sin embargo, hay poder detrás de mi historia
que hoy quiero compartir contigo.

Desde pequeña conocí la palabra de Dios,
recuerdo todas esas tardes que mi madre
me mandaba al catecismo y yo iba feliz
porque me gustaba cantar alabanzas a Dios.

Una de mis alabanzas favoritas era:
"Dios esta aquí que hermoso es,
el lo prometió donde hay dos o tres
quédate señor en cada corazón
quédate señor en mi."

Pero hasta que te tuve a ti hija,
supe realmente lo maravilloso que es Dios.
Cuando estabas a punto de nacer en la sala de parto
éramos solo el doctor la enfermera y yo
ayudándote para que vinieras al mundo.

Allí conocí el dolor de un parto
pase toda la noche con dolores
que sentía que me mataban.

El doctor con bromas y sarcasmos
me ayudo a aguantar ese dolor
que cada vez que venia
sentía que partía en dos mi espalda.

Hasta que llego la hora en que naciste,
lo único que alcance a escuchar fue tu llanto
y de Allí ya no supe mas
creo que perdí el conocimiento
después de un primer y dolorosa noche de parto.

Cuando despierto, después de recobrar algo de fuerzas,
me doy cuenta de que mi estomago
tenia un hueco enorme
y enseguida llamé a la enfermera para preguntarle por ti,
tenia ansías de verte y estaba casi gritando
que te trajeran a mis brazos.

No se cuanto tiempo pasó, pero al fin te tenia conmigo.
Después de que naciste, estabas tan pequeña, tan frágil
y a pesar de que apenas podías abrir tus ojitos
no dejabas de mirarme, ¡que ternura!
yo tampoco podía dejar de mirarte y de admirarte.

De repente me doy cuenta de que tu papá
no había llegado, ni llamado,
para saber de ti o de nosotras,
entonces sospeche que ese seria nuestra vida:
Tu y yo solitas.

Fue ahí en donde te hice la promesa
que nunca te dejaría sola,
que no importaba cual fuese nuestra situación
pero que siempre me ibas a tener de tu lado
amándote y cuidando de ti como ya lo hacia.

Pasado el tiempo te presenté con mi mamá.
Tenía un terror tremendo llevarte frente a ella
porque no sabia como iba a reaccionar,
porque lo ultimo que supe
era que ella estaba muy enojada conmigo
porque tuve una hija sin casarme,
y eso para ella era un pecado mortal.

Pues tomé valor y fuimos a visitarla,
cuando llegué, me temblaban las piernas
allí frente a la puerta de la casita en el pueblo,
pero con tal de no dejarte caer
saque todas mis fuerzas y valor.

Para cuando mi madre apareció,
lo único que me salió de la boca fue:
"*Mamá perdóname, pero aquí traigo a mi bebé
y de lo que me digas ahora es lo que haré*"

Mi madre no acabó de escucharme
cuando se dirigió hacia mi buscando tu carita
diciendo: "¿Esta es mi niña?"

Al mirar las ansias y felicidad de la cara de mi madre
supe que ella me había perdonado,
y ese día ella me dio una enseñanza,
y lo que aprendí ese día fue:

Que a los hijos se les perdona todo
no importa cuanto daño nos hagan sentir
siempre serán nuestros chiquitos adorados.

Y solamente quiero decirte
que mi madre me enseñó muchas cosas
la primera fue la violencia que ejercía en mi

por su ignorancia,
porque fue lo único que le enseñaron.
Pero ese día que abrió sus brazos para recibirte,
me enseño que el amor a los hijos es algo infinito,
algo que no se puede explicar.
Por eso te quiero decir hija mía:
te amo con todo mi corazón de madre.

Devocional Soy Mujer Valiosa *Fortaleza para cada día*

14

ROSSEN LARIOS

Autora del libro *Más guerrera que princesa*
Líder en la *Comunidad Mujer Valiosa*
Miembro destacado de *La Academia Escribe y Publica Tu Pasión*

Publicado por Editorial Güipil
EditorialGuipil.com

- ESCRIBE Y PUBLICA -
Tu Pasión
ACADEMY

CON REBECA SEGEBRE

Escribe palabras que impacten y transformen vidas.

www.EscribeyPublica.com

Comunidad - Inspiración - Desarrollo

Atrapada

Sé que me buscabas y sin saberlo te ignoré. Un día, yo, asustada y en el crisol de la prueba, te encontré. Llorando como una niña, todas mis angustias te conté, con tal amor me abrazaste y toda pesada carga dejé a tus pies. Desde entonces no te suelto, eres el Padre que siempre soñé; de la nada lo creaste todo, y todo sin ti nada es. Transformaste mi lamento en gozo, has enderezado mis veredas, cambiaste mi propia conciencia, ahora moro bajo tu sombra, atrapada estoy por tu omnipotencia.

Has llenado mi corazón, has cambiado mi pensamiento, aunque no lo explica mi razón, sé que existes como existo yo. Aunque muchos no me conocen, aquí estoy. Mi vida es pasajera y tú, el eterno Dios. Cuando te encontré, me sentí reconfortada, y segura bajo tus alas, reconocí que necesitaba tu ayuda y más que nada tu perdón. Aquella niña rota en mil pedazos, por tu mano ha ido siendo restaurada; ahora camino de tu mano y atrapada entre tus brazos.

Me has cuidado aun antes de conocerte, antes de nacer ya sabías todo de mí, escrito en tu libro estaba todas las cosas que luego fueron formadas, sin faltar una de ellas; sabes lo que voy a decir aun antes que yo lo diga, tienes contados los cabellos de mi cabeza y antes de la creación del mundo para mí ya tenías un plan y un plan de bien no de mal, conoces a mis ancestros y a toda mi descendencia. Oh, Señor, cómo negar tu existencia, atrapada estoy por tu omnisciencia.

El cielo es tu trono y la tierra el estrado de tus pies. A donde voy, tú vas, y antes que yo llegue, tú ya estás; escaparme ya no puedo, ni lo quiero imaginar, que si a las escondidillas juego, luego, luego me encontrarás, siempre me sabes ganar. Si al cielo, obra de tus manos, subiera, ahí estás tú; si bajo a las *profundidades de la tierra que tú formaste, allí tu estás; ya no me puedo apartar, a dónde huir de tu espíritu; a dónde escapar de tu presencia, atrapada estoy por tu omnipresencia.*

Atrapada vivo entre tus obras, todas muy hermosas; atrapada en tus promesas, en tu palabra poderosa; atrapada está mi alma, cual niña enamorada; atrapada por tu gracia inmerecida, por tus nuevas misericordias cada mañana, por tu bondad y tu fidelidad; atrapada porque has cambiado mi vida; atrapado todo mi ser. Maravillada de todo lo que haces, de tu creación. Creo en el universo, mas mi fe está puesta en su Creador; a ti te doy toda gloria y todo honor, cautivada estoy por tu grandeza y atrapada por tu eterno amor.

Fragmento del libro "Más guerrera que princesa"

MUJER

A ti dedico estas letras
que de mi alma brotan cual manantial,
intentado describir al ser mas bello
con melódica voz angelical.

Mujer, obra de arte
broche de oro de la creación,
mujer de campo o de ciudad,
sin distingo de raza ni clase social,
joven o de tercera edad.
Sin importar nada,
eres combinación perfecta
entre sueños y realidad.

Mujer, eres fuerza y fragilidad
sutileza, inteligencia, gracia, bondad.
Eres belleza total
que irradias luz con tu mirar.
Con una sonrisa cambias
la atmosfera cuando pesada está.
Abnegada y admirable
que sin alas sabes volar.

Mujer, tú que a la vida le das color
eres suave danza al caminar.

Manos de terciopelo y esforzadas al trabajar
hábiles, con destrezas sin igual,
siempre extendidas para ayudar.
Aún en desiertos luces primaveral.
en ti se esconde la ternura de un niño
y la fuerza innata del embravecido mar.

Mujer, rallo de sol en nublados días
luna llena en noches de intensa oscuridad.
Después de Dios eres quien más sabe amar.
¡Tu mujer, eres la esperanza de la humanidad!

REBECA SEGEBRE
MINISTRIES

Para más información, invitaciones, recursos y eventos visita:

RebecaSegebre.org
MujerValiosa.org
Vive360.org

E-mail: rebecasegebreweb@gmail.com

Medios sociales:
Facebook: @RebecaSegebreOficial
Instagram: @RebecaSegebre
Twitter: @RebecaSegebre

Otras obras por Rebeca Segebre

Un minuto con Dios para parejas

Confesiones de una mujer desesperada

El milagro de la adopción

Un minuto con Dios para mujeres

Confesiones de una mujer positiva

5 secretos que te impulsan al éxito

Mi vida un jardín

Afirmaciones divinas

Una nueva vida

Las siete virtudes del éxito

Símbolos de navidad

Planner Demos Gracias

Tú naciste para escribirlo

Positiva en tiempos de crisis

Un minuto con Dios para emprendedores

Las señales de la cruz

Símbolos de La Navidad

Pídeme

Sabiduría para la vida

Soy valiosa.
Soy una hija de Dios.

"Yo soy valiosa en el corazón de Dios".

Rebeca Segebre

Únete a la comunidad

Mujer Valiosa

Aquí encontrarás recursos gratis, conferencias, capacitaciones, libros, oración, amigas de todas partes del mundo y seminarios impartidos por un grupo especial de mujeres líderes en el ministerio, conferencistas y autoras reconocidas en el mundo hispano.

www.MujerValiosa.org

- ESCRIBE Y PUBLICA -
Tu Pasión
ACADEMY

El recurso en línea # 1 para aprender a escribir, publicar y lanzar tu libro con éxito.

Inscríbete hoy para descubrir y aprender todo lo que conlleva llegar a ser un autor de éxito en el mundo editorial de hoy y cómo tu también puedes lograrlo.

www.EscribeyPublica.com

Inscríbete hoy a la *Comunidad Escribe y Publica* en esta página exclusiva:
www.RebecaSegebre.org/escribe

— *La Gratitud crea felicidad.*

Editorial Güipil
Libros de inspiración para tu diario vivir
www.EditorialGuipil.com/planifica

Mujer Valiosa / Shop

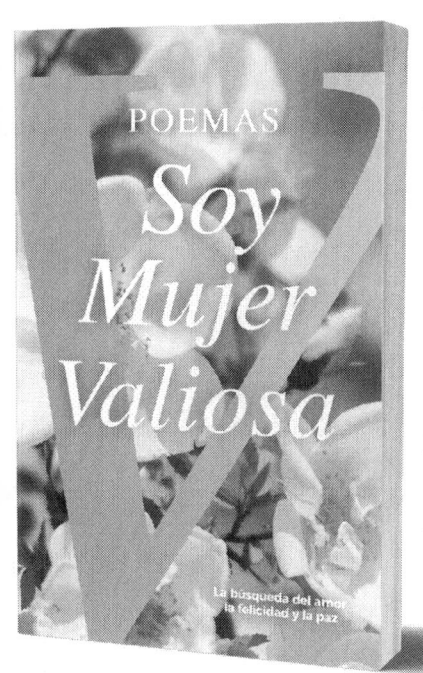

BIBLIAS, DEVOCIONALES, ESTUDIOS BÍBLICOS, LIBROS, JOURNALS

Todas las herramientas y recursos que necesitas para equiparte, seguir tu llamado y fortalecer tu liderazgo.

PARA IR DE COMPRAS VISITA:

RebecaSegebre.org/tienda

Vive360shop.com

Made in the USA
Columbia, SC
13 December 2021